성경 속 하나님의
마음이 보여요

# 성경의
# 맥과 핵

**Work Book**
워크북

성경 속 하나님의 마음이 보여요!
성경의 맥과 핵-워크북

**발행일** 2020년 09년 05일 초판 1쇄
　　　　2022년 02년 10일 초판 2쇄

**지은이** 허계영
**그린이** 허설영
**디자인** 박미혜
**발행인** 고영래
**발행처** ㈜미래사

**주소** 서울시 마포구 신수로 60, 2층
**전화** (02)773-5680
**팩스** (02)773-5685
**이메일** miraebooks@daum.net
**등록** 1995년 6월 17일(제2016-000084호)

ISBN 978-89-7087-133-2

성경 속 하나님의
마음이 보여요

# 성경의
# 맥과 핵

**Work Book**
워크북

허계영 지음 | 허설영 그림

미래사CROSS

" 모든 성경은 하나님의 감동으로 된 것으로
교훈과 책망과 바르게 함과 의로 교육하기에 유익하니 "

- 딤후 3:16

# 1 신구약

성경의 맥과 핵

# 성경은 일반적인 책이 아닙니다. 성경은 생명력이 있는 책입니다.

- 성경의 원 저자는 하나님입니다!
- 모든 성경은 하나님의 [          ]으로 된 것 (딤후 3:16)
- 창 2:7 생기= [        ]
- 히 4:12 "하나님의 말씀은 [        ] [        ]이 있어"
- 하나님의 **인류**를 향한 뜻, **나**를 향한 뜻이 명시

  [          ] [          ]

## 성경의 1,817개 예언 중

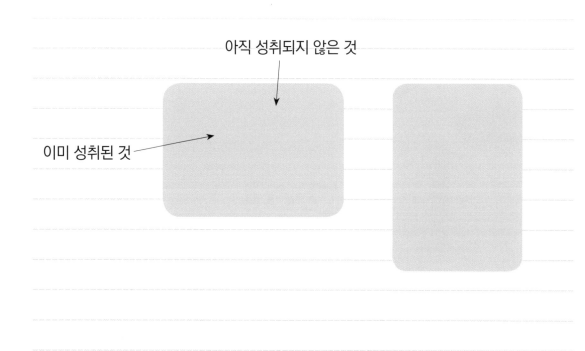

아직 성취되지 않은 것

이미 성취된 것

# 성경 - 지상 최대의 Best-seller

- 역사상 가장 많이 [      ]된 책
  - 3,350개의 언어로 번역됨
  - 현재에도 2,658개 언어로 번역 중

- 인류의 예술작품(음악, 미술, 문학)에 가장 많이 회자되고 지대한 영향을 미친 책

- 역사상 가장 많은 반대와 핍박을 받은 책
  그럼에도 불구하고 여전히 살아남아 가장 큰 [      ]을 미치는 책

성경은

[      ]년에 걸쳐서

[      ]개 대륙에서

[      ]명의 저자에 의해

[      ]가지 언어로

단 [  ]가지 주제 [        ]로 쓰여짐

# 사람을 통해 쓰신 성경

성경은 하나님께서 사람을 통하여 기록하신 책이다.
그래서 저자의 개성, 배경, 문체 등이 반영된 것이 사실이나,
모두 하나님의 말씀을 충실하게 전했다.

# 왜 우리가 **이스라엘**의 종교를 믿어야 하는가?

•창 12:3, 17:5, 18:18  •시 96:3  •마 1:5, 28:19  •롬 1:16, 3:29  •갈 3:28  •계 7:9

# 아브라함과 사라의 이름의 뜻

•아브라함 : 열국의 ☐

•사라 : 열국의 ☐

## 성경 속 샘플 교육

# 성경의 맥

성경의 맥은
바로 구속사랍니다!

| 창세기 1 · 2 장 | 1,189장 중 1,185장(99.66%) | 계시록 21 · 22 장 |
| --- | --- | --- |

# 성경의 핵 – 예수 그리스도

구약(39권)

신약(27권)

로 구약의 수건이 벗겨짐

그러나 저희 마음이 완고하여 오늘까지라도 **구약**을 읽을 때에

그 **수건**이 오히려 벗어지지 아니하고 있으니

그 **수건**은 **그리스도** 안에서 없어질 것이라 - 고후 3:14

로 구약의 내용이 완성됨

• 율법은 장차 오는 좋은 일의 [     ]요 [     ]이 아니므로 - 히 10:1

• 너희가 성경에서 영생을 얻는줄 생각하고 성경을 상고하거니와 이 [     ]이
곧 [     ] 대하여 증거하는 것이로다 - 요 5:39

모든 성경은
다 예수님에 관한
얘기랍니다!

예수님 구약
joy

- 성경의 맥 : 　　　　　

- 성경의 핵 : 　　　　　

## 성경의 세 장르

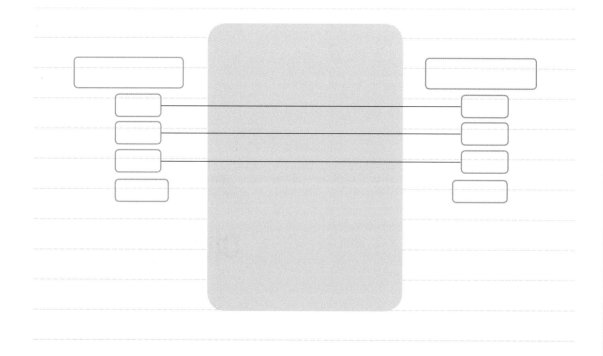

# 성경의 구조

| | | | |
|---|---|---|---|
| 구약 | 창세기, 출애굽기, 레위기, 민수기, 신명기 | |
| | 여호수아, 사사기, 룻기, 사무엘상/하, 열왕기상/하, 역대상/하, 에스라, 느헤미야, 에스더 | |
| | 욥기, 시편, 잠언, 전도서, 아가 | |
| | 이사야, 예레미야, 예레미야애가, 에스겔, 다니엘 | |
| | 호세아, 요엘, 아모스, 오바댜, 요나, 미가, 나훔, 하박국, 스바냐, 학개, 스가랴, 말라기 | |
| 신약 | 마태복음, 마가복음, 누가복음, 요한복음 | |
| | 사도행전 | |
| | 로마서, 고린도전/후서, 갈라디아서, 에베소서, 빌립보서, 골로새서, 데살로니가전/후서, 디모데전/후서, 디도서, 빌레몬서 | |
| | 히브리서, 야고보서, 베드로전/후서, 요한1/2/3서, 유다서 | |
| | 요한계시록 | |

# 성경 책꽂이

## 성경은 시대순으로
## 정렬되어 있는 게 아니다!

1) 성경은 [          ] 별로 편집되어 있다.

2) 같은 장르 안에서는

　① 크게 보면 [          ] 순이긴 하지만,

　② [          ] 순으로 배열되어 있는 경우가 많다.

3) [          ] 와 [          ] 는 종합편(복습)이다.

4) 역대상/하 = 사무엘상/하 + 열왕기상/하 - [          ] 역사

5) 엘리야서, 엘리사서?

　① 엘리야: 열왕기상

　② 엘리사: 열왕기하

6) 신약의 체험서는 다 [          ] 이다.

　① 바울 서신 13권 = 교회 서신 9권 + 개인 서신 4권

　② 일반 서신 = 베드로, 요한, 야고보, 유다의 서신 + 히브리서

# 성경을 읽는 자세

• [          ] 의 관점으로 읽는다.

• 하나님의 [          ] letter로 읽는다.(지금 내게 하시는 말씀)

• 하나님과 [          ] 를 하지 않는다.(목적 없는 만남, 순수한 사랑)

• '지켜 [          ] '라는 각오로 읽는다.(Experiencing God-호 6:3)

• 내가 성경을 읽는 것이 아니라, 성경이 나를 읽게 한다.

• 맹목적으로 읽지 말고 자주 [          ] 한다!(행 17:11)

• [          ] 으로 오용하지 않는다.
  (맥과 핵을 잡고 주제를 놓치지 말기)

# 하나님은 왜 선악과를 만드셨을까?

[        ](free will)를 주심: 진정한 [        ]의 표현

[              ] (Protevangelium)

"내가 너로 여자와 원수가 되게 하고, 너의 자손을 여자의 자손과 원수가 되게 하겠다.
여자의 자손은 너의 머리를 상하게 하고, 너는 여자의 자손의 발꿈치를 상하게 할 것이다."

-창 3:15

## 사탄의 책략 1 – 애굽 왕 ⬚⬚⬚⬚⬚를 통하여 (BC 1,400)

마침내 바로는 모든 백성에게 명령을 내렸다.

"갓 태어난 히브리 남자 아이는 모두 강물에 던지고, 여자 아이들만 살려 두어라." - 출 1:22

## 사탄의 책략 2 – 남유다의 ⬚⬚⬚⬚⬚ 여왕을 통하여 (BC 840)

아하시야의 어머니 아달랴는 아들이 죽는 것을 보자, 왕족을 다 죽이기 시작하였다.

그러나 왕자들이 살해되는 가운데서도, 여호람 왕의 딸이요 아하시야의 누이인 여호세바가

아하시야의 아들 요아스를 몰래 빼내어, 유모와 함께 침실에 숨겼다. –왕하 11:1-2

# 사탄의 책략 3 – 페르시아의 대신 [    ]을 통하여 (BC 450)

그렇게 한 다음에, 보발꾼들을 시켜서, 그 조서를 급히 왕이 다스리는 모든 지방으로 보냈다.
그 내용은, 열두째 달인 아달월 십삼일 하루 동안에, 유다 사람들을 남녀노소 할 것 없이
모두 죽이고 도륙하고 진멸하고, 그들의 재산을 빼앗으라는 것이다.  -에 3:13

# [    ]로 오신 예수님(BC 4)

오늘 다윗의 동네에서 너희에게 구주가 나셨으니, 그는 곧 그리스도 주님이시다.
너희는 한 갓난아기가 포대기에 싸여, 구유에 뉘어 있는 것을 볼 터인데,
이것이 너희에게 주는 표징이다. -눅 2:11-12

## 사탄의 책략 4- 팔레스타인의 [          ]대왕을 통하여 (BC 4)

헤롯은 박사들에게 속은 것을 알고, 몹시 노하였다. 그는 사람을 보내어,

그 박사들에게 알아본 때를 기준으로, 베들레헴과 그 가까운 온 지역에 사는

두 살짜리로부터 그 아래의 사내아이를 모조리 죽였다. -마 2:16

## 사탄의 책략 5 - [          ]들과 [          ]들을 통하여 (AD 29)

대제사장들도 율법학자들과 함께

그렇게 조롱하면서 말하였다.

"그가 남은 구원하였으나,

자기는 구원하지 못하는구나!

이스라엘의 왕 그리스도는

지금 십자가에서 내려와 봐라.

그래서 우리로 하여금 보고 믿게 하여라!"

예수와 함께 십자가에 달린 두 사람도

그를 욕하였다.

-막 15:31-32

하나님 왕국(Kingdom of God)

성경의 세계사에 대한 예언

# 7 머리, 10 뿔: [    ]의 상징

계 17:7-12

## 성경의 개요

| 구약(제1막) | | 신약(제2막) | | |
|---|---|---|---|---|
| 제1장 | 제2장 | 제1장 | 제2장 | 제3장 |
|  |  |  |  |  |
|  |  |  |  |  |

성경의 15시대

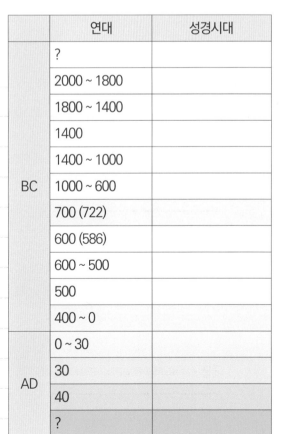

| | 연대 | 성경시대 |
|---|---|---|
| BC | ? | |
| | 2000 ~ 1800 | |
| | 1800 ~ 1400 | |
| | 1400 | |
| | 1400 ~ 1000 | |
| | 1000 ~ 600 | |
| | 700 (722) | |
| | 600 (586) | |
| | 600 ~ 500 | |
| | 500 | |
| | 400 ~ 0 | |
| AD | 0 ~ 30 | |
| | 30 | |
| | 40 | |
| | ? | |

# 쉽게 외우는 성경 연대!

## 400년 X 5

- ⬚ , 사사, ⬚ , 침묵 시대 각각의 기간
- AD 400 카르타고 공회: 신약 정경화
  (AD 90 얌니아 랍비 회의: 구약 정경화)

## 70년 X 3

- 바벨론 ⬚ 시대의 기간
- BC 70 로마 제국의 팔레스타인 정복
- AD 70 ⬚ 파괴

## (40년 X 3) X 2

- ⬚ 의 생애
- 사울, 다윗, 솔로몬의 통치 기간

# 이스라엘 성전의 역사

☐ (바벨탑, 갈대아): ☐ 의 상징

계 14:8, 17:5, 18:14

성전들 크기 비교

"주의 말씀은 내 발에 등이요 내 길에 빛이니이다"

- 시 119:105

chapter

2 구약

성경의 맥과 핵

# 이스라엘과 주변 민족의 선조

## 북이스라엘의 대표 지파 :

- •창 48:13-14, 19
- •대상 5:1
- •렘 31:9
- •렘 31:20
- •사 28:1
- •호 11:8, 12

최종적 장자권 : [           ] 지파에게로!

[           ]

The Lion of JUDAH
**유다 지파의 사자**
(창 49:8-12, 대상 5:2, 호 11:12)

두고두고 회자되는 [           ] 이야기

• 나는 너를 애굽 땅 종 되었던 집에서 인도하여 낸 너의 하나님 여호와로라 - 출 20:2

• 이스라엘 자손은 나의 종들이 됨이라 그들은 내가 애굽 땅에서 인도하여 낸 내 종이요 나는 너희의 하나님 여호와이니라 - 레 25:55

• 나는 여호와 너희 하나님이라 나는 너희의 하나님이 되려고 너희를 애굽 땅에서 인도해 내었느니라 나는 여호와 너희의 하나님이니라 - 민 15:41

• 나는 너를 애굽 땅, 종 되었던 집에서 인도하여 낸 네 하나님 여호와라 - 신 5:6

- 이는 우리 하나님 여호와께서 친히 우리와
  우리 조상들을 인도하여 애굽 땅 종 되었던
  집에서 올라오게 하시고 - 수 24:17

- 애굽 땅에서 그들을 인도하여 내신 그들의
  조상들의 하나님 여호와를 버리고 - 삿 2:12

- 이스라엘 자손에게 이르되 이스라엘 하나님 여호와께서 이같이 말씀하시기를 내가 이스
  라엘을 애굽에서 인도하여 내고 너희를 애굽인의 손과 너희를 압제하는 모든 나라의 손
  에서 건져내었느니라 하셨거늘 - 삼상 10:18

- 이 일은 이스라엘 자손이 자기를 애굽 땅에서 인도하여 내사 애굽의 왕 바로의 손에서 벗
  어나게 하신 그 하나님 여호와께 죄를 범하고 또 다른 신들을 경외하며 - 왕하 17:7

## 성막 : 천국의 모형

# 성소와 지성소

# 성전의 기물들

# 성전 기물 – 뜰

# 성전 기물 – 성소

# 성전 기물 – 지성소

# 언약궤 안의 3가지 물건

1) [        ] 돌판

2) 아론의 싹난 [        ]

3) [        ] 항아리
(감추인 만나-계 2:17)

## 성전 기물은 누구를 상징하는가?

## 성전 : 천국의 모형

| 장소 | 기물 | | 영적 의미 | 성경 구절 |
|---|---|---|---|---|
| 뜰 | 번제단 | | | 엡 1:7, 히 9:20 |
| | 물두멍 | | | 마 28:18~20, 갈 2:20, 엡 5:26, 벧전 3:20~21 |
| 성소 | 등잔대 | | | 요 8:12/16:7~13 |
| | 분향단 | | | 롬 8:34, 계 5:8/8:3~5 |
| | 진설병대 | | | 요 6:47~51(벧전 2:9) |
| 지성소 | 시은좌 | | | 출 25:8, 마1:21, 롬 3:25 |
| | 그룹 | | | 겔 10:18, 시 18:10 |
| | 언약궤 | 십계명 돌판 | | 출 20장, 신 5장 |
| | | 아론의 지팡이 | | 민 17:10 |
| | | 만나 항아리 | | 출 16:35, 계 2:17 |

# 대제사장 예복

| 소품 | 영적 의미 |
|---|---|
| 세마포 관(흰색) | 거룩하게 구별하심, _____ |
| 금패 | "여호와께 _____!" |
| 고의, 세마포 속옷(흰색) | 자기(수치)를 가림 : 속죄, _____ |
| 에봇 받침 겉옷(청색) | 하늘에서 오신 _____ |
| 에봇 | 어깨에 짐, _____ |
| 띠(속옷 띠, 에봇 띠) | 느슨함 경계, 성실, 균형 |
| 흉패(12보석, 우림과 둠밈) | 12지파 백성 품음, 하나님 뜻에 따른 _____ |

# 대제사장 예복

# 성전 직조물 4색의 의미

- 청색 ☐
- 자색 ☐
- 흰색 ☐
- 홍색 ☐

# 5대 제사

- ☐
- ☐
- ☐
- ☐
- ☐

롬 12:1, 빌 2:17-18

# 1) 번제(燔祭, Burnt Offering)

- ☐
- 다른 제사와 조합해서 드리는 ☐ 제사
- ☐ 이외의 전부를 태움
- 나의 ☐ 를 드림
- 레 1:1-17, 6:8-13

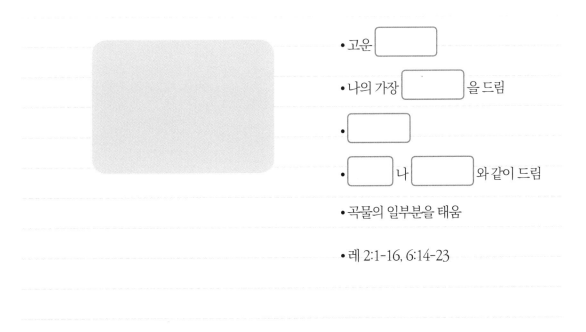

# 2) 소제(素祭, Grain Offering)

- 고운 ☐
- 나의 가장 ☐ 을 드림
- ☐
- ☐ 나 ☐ 와 같이 드림
- 곡물의 일부분을 태움
- 레 2:1-16, 6:14-23

## 3) 화목제(和睦祭, Peace Offering)

• 서원, 낙헌, 감사로 나아감

(종류: ⬚ , ⬚ , ⬚ )

• 하나님과 사람 사이의 ⬚ 을 위해 드림

• ⬚ , ⬚ 식용 금지 (레 3:17)

• 레 3:1-17, 7:11-36

## 4) 속죄제(贖罪祭, Sin Offering)

• 하나님께 지은 죄와
부지중에 지은 죄를 회개함

• 나의 전 존재가 ⬚ 으로 ⬚ 하여
하나님의 ⬚ 이 필요함

• ⬚

• ⬚ 는 번제단 밑에 쏟음

• ⬚ 은 번제단 위에서 불사름

• 나머지는 진 밖에서 태움

• 레 4:1-5:13, 6:24-30

## 5) 속건제(贖愆祭, Guilt Offering)

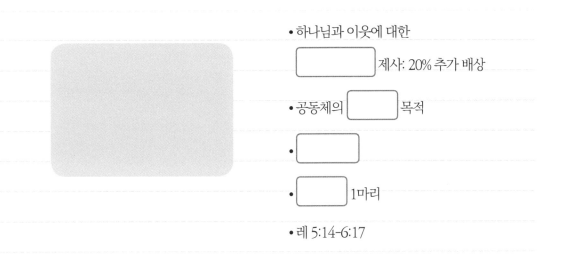

- 하나님과 이웃에 대한
  
  [          ]제사: 20% 추가 배상

- 공동체의 [          ] 목적

- [          ]

- [          ]1마리

- 레 5:14-6:17

# 5대 제사 요점정리

| 제사 | 방법 | 의미 |
|---|---|---|
| | 가죽을 제외한 제물 전체를 불로 태워 드림<br>신분에 따라 제물 종류가 다름 | 나의 전부를 드림 |
| | 피가 없는 유일한 제사, 다른 제물과 함께 드림<br>곡식 가루를 기름, 유향, 소금 등과 섞어 불사름 | 나의 가장 좋은 것을 드림 |
| | 제물의 기름, 간, 콩팥 등만 불사르고<br>나머지는 제사장과 제사 드리는 자가 같이 먹음 | 서원, 낙헌, 감사로 나아감<br>하나님과 사람의 화목을 위함 |
| | 제물에 안수 후 제사장이 제물의 피를 제단에 뿌림<br>신분에 따라 제물 종류가 다름 | 근본적으로 타락한 전 존재에<br>대해 하나님의 은혜와 긍휼을 구함 |
| | 하나님의 것이나 이웃의 것에 해를 가했을때<br>숫양 1마리를 제물로 바치고, 1/5을 더해 보상함 | 공동체의 회복을 위해 드림 |

# 제사의 강제성에 따른 분류

1) 자원제:       번제               소제              화목제

2) 의무제:       속죄제           속건제

# 제사 방식에 따른 분류

| 거제<br>(舉祭, Heave offering) | 화제<br>(火祭, Offering by fire) | 요제<br>(搖祭, Wave offering) | 전제<br>(奠祭, Drink offering) |
|---|---|---|---|
| 들어올려 드림(출 29:28) | 태워 드림(레 1:9) | 흔들어 드림(출 29:24) | 화제물 위에 포도주를 부어 드림(출 29:40, 빌 2:17) |
|  |  |  |  |

# 레위기의 6종류 금지 식품

| 굽이 갈라지지 않은 짐승 | 새김질하지 않는 짐승 | 지느러미나 비늘 없는 물고기 |
|---|---|---|
| 없는 삶 | 반추하지 않음 | 휩쓸림 |
| | | |

| 맹금류 | 고독한 새 | 배로 기는 생물 |
|---|---|---|
| 약탈, 공격성 | 외로움 | 끊지 못함 |
| | | |

# 출산 규정 (레 12장)

1) 출산은 부정한 것

: 출생부터 근본적으로 [        ]한 존재임을 암시

2) 정결기간

: 남아 33일, 여아 66일

3) 속죄제와 번제

: 정결기간 후, [        ]을 씻기 위해 드림

# 나병 규정 (레 13-14장)

1) 나병의 특징

    ① 피부에 확산됨: 죄, 부정적인 말 등의 빠른 ☐

    ② 환부가 우묵해짐, 털이 희어짐: 몸 안의 ☐

    ③ 불치병: 인간의 노력으로 해결 불가능한 ☐

    ④ 감각 상실: 영적 감각 상실, 둔감한 마음

2) 구약의 나병환자의 예: 영적 권위를 무시한 죄

    징벌

    ① 미리암 (민 12:1-16)

    ② 게하시 (왕하 5:20-27)

    ③ 웃시야왕 (대하 26:16-21)

# 유출병 규정 (레 15장)

1) 유출병의 종류 및 정결의식

    ① 생리적: 남자의 설정, 여자의 월경 - 몸을 씻기

    ② 병리적: 남자의 임질, 여자의 혈루병

      - 몸을 씻은 후 제사

2) 유출병의 영적 의미

    ① ☐ 죄 (vs. 나병: 명백하게 드러난 죄)

    ② ☐ 불가능한 죄: 분노, 증오, 고집, 나태, 정욕, 거짓 등

# 이스라엘의 7대 절기

이것이 너희가 그 정한 때에 성회로 공포할 여호와의 절기들이니라

(레위기 23:4)

# 1) 유월절 (逾越節, Passover)

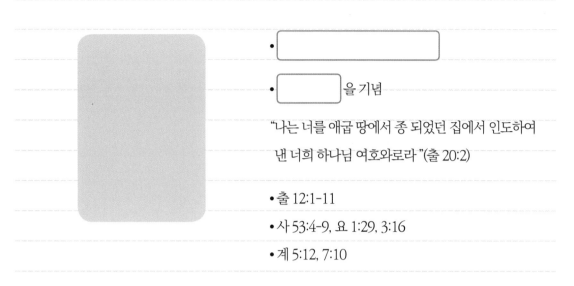

- ☐

- ☐ 을 기념

"나는 너를 애굽 땅에서 종 되었던 집에서 인도하여
낸 너희 하나님 여호와로라 "(출 20:2)

- 출 12:1-11
- 사 53:4-9, 요 1:29, 3:16
- 계 5:12, 7:10

## 유월절의 신약적 의미

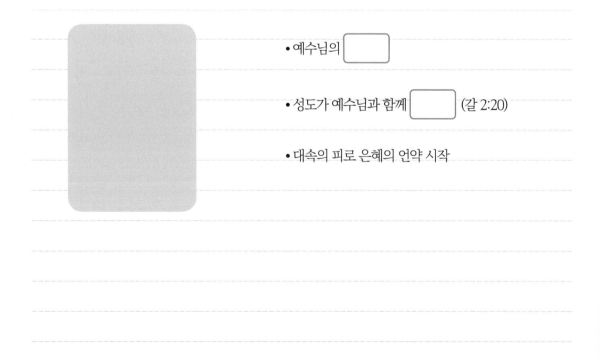

- 예수님의 ☐

- 성도가 예수님과 함께 ☐ (갈 2:20)

- 대속의 피로 은혜의 언약 시작

## 2) 무교절 (無酵節, Unleavened Bread)

- [              ]

- 애굽에서 급히 나오면서

  누룩 없는 [          ]을 먹은 것을 기념

- 모든 [          ]을 제거

- 신 16:3

## 무교절의 신약적 의미

- 누룩(죄) 없는 그리스도를 [          ]으로 삼음

- 눅 22:19

# 3) 초실절 (初實節, First Fruits)

- 대략 1월 16일
  (유월절 후 [        ] 다음 날)

- [                ] 감사
  : 모든 것이 하나님 것임을 고백

- 출 23:16, 민 8:16-18

## 초실절의 신약적 의미

- 예수님의 [        ] (고전 15:20)

- 성도가 예수님과 함께 [        ]

# 4) 오순절(五旬節, 칠칠절, 맥추절, Pentecost)

- 초실절 후 제 [ ] 일 (대략 3월 6일)

- [ ] (밀)

- 맥추감사절

- 레 23:15-22

## 오순절의 신약적 의미

- [ ] 강림

- 성도의 마음에 [ ] 이 내주하심

- 행 2:1-4

# 5) 나팔절 (Trumpets)

- 7월 1일

- [        ] 생활 기억,
  나팔을 불어 성회로 모이는 축제

- 레 23:23-25

# 나팔절의 신약적 의미

- 예수님의 [        ] (계 19:11-16)

- 성도의 변화와 [        ] (고전 15:52)

# 6) 속죄일 (大贖罪日, Atonement)

- [          ]

- [          ]와 금식기도

- 대제사장이 1년에 1회
  [          ]에 들어가는 날

- 레 16장, 23:26-32

# 속죄일의 신약적 의미

- [          ]의 대회개 (7년 대환난)

- 롬 11:23-27

## 7) 장막절 (帳幕節, 초막절, 수장절, Tabernacles)

- [        ]

- [     ] 생활을 기억

- [          ] (과일)

- 레 23:33-36

## 장막절의 신약적 의미

- [        ]

- 계 20:1-6

- 슥 14:16-21

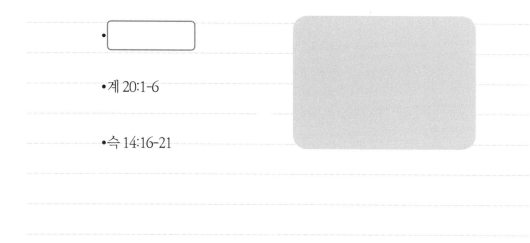

# 유대 종교력 1월 (현대 4월)

| Sunday | Monday | Tuesday | Wednesday | Thursday | Friday | Saturday |
|---|---|---|---|---|---|---|
| 25 | 26 | 27 | 28 | 29 | 30 | 1 |
| 2 | 3 | 4 | 5 | 6 | 7 | 8 |
| 9 | 10 | 11 | 12 | 13 | 14 | 15 |
| 16 | 17 | 18 | 19 | 20 | 21 | 22 |
| 23 | 24 | 25 | 26 | 27 | 28 | 29 |
| 30 | 31 | 1 | 2 | 3 | 4 | 5 |

# 유대 종교력 3월 (현대 6월)

| Sunday | Monday | Tuesday | Wednesday | Thursday | Friday | Saturday |
|---|---|---|---|---|---|---|
| 28 | 29 | 1 | 2 | 3 | 4 | 5 |
| 6 | 7 | 8 | 9 | 10 | 11 | 12 |
| 13 | 14 | 15 | 16 | 17 | 18 | 19 |
| 20 | 21 | 22 | 23 | 24 | 25 | 26 |
| 27 | 28 | 29 | 30 | 31 | 1 | 2 |

# 유대 종교력 7월 (현대 10월)

| Sunday | Monday | Tuesday | Wednesday | Thursday | Friday | Saturday |
|---|---|---|---|---|---|---|
| 26 | 27 | 28 | 29 | 30 | 1 | 2 |
| 3 | 4 | 5 | 6 | 7 | 8 | 9 |
| 10 | 11 | 12 | 13 | 14 | 15 | 16 |
| 17 | 18 | 19 | 20 | 21 | 22 | 23 |
| 24 | 25 | 26 | 27 | 28 | 29 | 30 |
| 31 | 1 | 2 | 3 | 4 | 5 | 6 |

# 성경에 나오는 이스라엘 절기의 예

| 이스라엘의 7대 절기 (+안식일) | 초실절, 오순절 | 유월절 |
|---|---|---|
| | | |
| 레 23장 | 룻 1:22 / 2:23 | 왕하 23:21~28, 대하 35:18 |

| 나팔절 | 장막절 | 유월절 |
|---|---|---|
| | | |
| 느 8:2~3 | 느 8:17 | 눅 2:41~3 |

# 희년(Jubilee, 레 25:8-17)

- 7번째 안식년 다음 해: 제 ⬚ 년째 (7x7+1=50)
- 은혜의 극대화: 해방과 자유

1) ⬚ 으로부터의 안식

2) ⬚ 의 휴경: 경작하지 않고 방치,

　자연 수확분: 종들, 빈민, 객, 들짐승과 공유

3) ⬚ 환원: 부채 탕감, 원래의 평등한 사회로 환원

4) ⬚ 해방: 이스라엘인 노예 해방

# 고엘(גאל, Redeemer)

성경적 용어: ⬚ (近族), ⬚ (基業)무를 자, ⬚ (報讐者)

(레 25:2, 룻 2:20, 3:9, 3:12, 4:3, 민 35:12, 사 35:4)

# 고엘 제도의 4가지 유형

1. ☐ 대신 물어주기

   사람이 가난해져 땅을 팔았을 경우

   근족이 땅값을 대신 갚아주고

   땅을 다시 되찾아 주는 제도

   (레 25:25-26)

2. ☐ 대신 물어주기

   사람이 빚 때문에

   종으로 팔려 갔을 경우

   근족이 그 몸값을 물어주고

   그 사람을 자유케 해주는 제도

   (레 25:47-49)

## 3. ☐ 대신 낳아주기 –계대혼인(繼代婚姻)

사람이 아들이 없이 죽어

계대(繼代)를 잇지 못할 경우

근족이 미망인과 결혼하여

아들을 낳아 주는 제도

(신 25:5-10)

## 4. ☐ 대신 갚아주기 –동해보복(同害報復)

사람이 피살되었을 경우

근족이 그 살인자를 대신 죽여 줌으로써

피해자의 원한을 갚아 주는 제도

(레 25:25-28, 47-49, 민 35:12, 35:19, 21)

☐ 제도

# 고엘의 자격 조건

① [　　　]상 근족(近族)이어야

  : 가장 가까운 친척이 고엘을 못하면

    그 다음 가까운 친척이 행함(신 25:5-7, 룻 4:3-4).

② 본인이 [　　　]해야

  : 강제 조항이 아닌 자원 제도(룻 3:13).

③ [　　　]을 구비해야

  : 경제력이 없으면 원해도 못함(룻 2:1, 4:5-6)

---

[　　　　　　]우리의 영원한 고엘

1) 하나님께서 아담의 범죄로

   마귀에게 넘어간 것들을

   [　　　]제도로 정당하게 회복시키심

2) 고엘의 자격 완비

   • 예수님은 우리의 [　　　] (히 2:11)

   • 예수님은 구속의 [　　　] 소유자 (마 28:18, 요 1:14, 빌 2:6-8)

   • 예수님은 [　　　]하여 우리를 구속 (요 10:18, 히 10:7)

# Here and Now!

- 회개하라, ☐이 가까웠느니라! (마 4:17)
- ☐가 임하옵시며… (마 6:10)
- 하나님의 나라는 ☐ 있느니라. (눅 17:20~21)

# 북이스라엘과 남유다

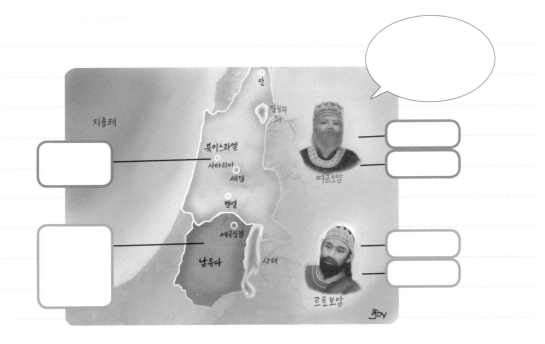

지중해

단

갈릴리 호수

북이스라엘

사마리아

세겜

벧엘

예루살렘

남유다

사해

여로보암

르호보암

## 북이스라엘 왕조실록

| | | | 선한 왕 | 악한 왕 |
|---|---|---|---|---|
| | | | 😊 | 😠 |
| 1 여로보암 | 2 나답 | 3 바아사 | 4 엘라 | 5 시므리 |
| 😠 | 😠 | 😠 | 😠 | 😠 |
| 6 오므리 | 7 아합 | 8 아하시야 | 9 여호람 | 10 예후 |
| 😠 | 😠 | 😠 | 😠 | 😠 |
| 11 여호하스 | 12 여호아스 | 13 여로보암II | 14 스가랴 | 15 살룸 |
| 😠 | 😠 | 😠 | 😠 | 😠 |
| 16 므나헴 | 17 브가히야 | 18 베가 | 19 호세아 | |
| 😠 | 😠 | 😠 | 😠 | |

## 남유다 왕조실록

| 다윗 | 솔로몬 | | 선한 왕 | 악한 왕 |
|---|---|---|---|---|
| 😊 | 😊 | | 😊 | 😠 |
| 1 르호보암 | 2 아비야 | 3 아사 | 4 여호사밧 | 5 여호람 |
| 😠 | 😠 | 😊 | 😊 | 😠 |
| 6 아하시야 | 7 아달랴 | 8 요아스 | 9 아마샤 | 10 웃시야 |
| 😠 | 😠 | 😊 | 😊 | 😊 |
| 11 요담 | 12 아하스 | 13 히스기야 | 14 므낫세 | 15 아몬 |
| 😊 | 😠 | 😊 | 😠 | 😠 |
| 16 요시야 | 17 여호아하스 | 18 여호야김 | 19 여호야긴 | 20 시드기야 |
| 😊 | 😠 | 😠 | 😠 | 😠 |

# 구약 선지서의 대상 ( _____ 이외에는 다 남유다!)

- J : Jonah (요나)- [ ]
- O : Obadiah (오바댜) - [ ]
- N : Nahum (나훔) - [ ]
- A : Amos (아모스) - [ ]
- H : Hosea (호세아) - [ ]

## 선지자들의 활동 시기

| | | | 선한 왕 | 악한 왕 |
|---|---|---|---|---|
| 1 여로보암 | 2 나답 | 3 바아사 | 4 엘라 | 5 시므리 |
| 6 오므리 | 7 아합 | 8 아하시야 | 9 여호람 | 10 예후 |
| 11 여호하스 | 12 여호아스 | 13 여로보암II | 14 스가랴 | 15 살룸 |
| 16 므나헴 | 17 브가히야 | 18 베가 | 19 호세아 | |

JonAH

# 선지자들의 활동 시기

| 다윗 | 솔로몬 |  | 선한 왕 | 악한 왕 |
|---|---|---|---|---|
| 1 르호보암 | 2 아비야 | 3 아사 | 4 여호사밧 | 5 여호람 |
| 6 아하시야 | 7 아달랴 | 8 요아스 | 9 아마샤 | 10 웃시야 |
| 11 요담 | 12 아하스 | 13 히스기야 | 14 므낫세 | 15 아몬 |
| 16 요시야 | 17 여호아하스 | 18 여호야김 | 19 여호야긴 | 20 시드기야 |
|  |  |  |  |  |

# 포로시대 ~ 침묵시대의 국제 정세

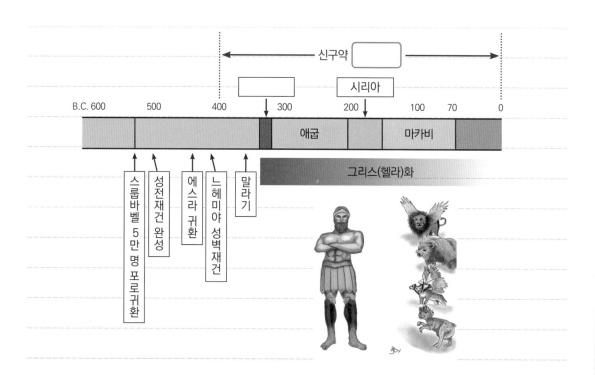

신구약 [   ]

[   ]    시리아

B.C. 600    500    400    300    200    100    70    0

애굽    마카비

그리스(헬라)화

스룹바벨 5만 명 포로귀환
성전재건 완성
에스라 귀환
느헤미야 성벽재건
말라기

# 헬라(희랍, 希臘) 문명

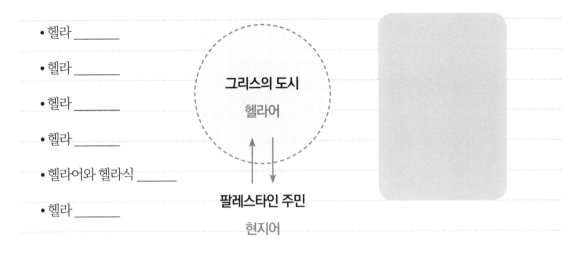

- 헬라 _____
- 헬라 _____
- 헬라 _____
- 헬라 _____
- 헬라어와 헬라식 _____
- 헬라 _____

그리스의 도시
헬라어

↑ ↓

**팔레스타인 주민**
현지어

# 서구 문화의 두 정신축

### Hebraism(헤브라이즘)

- [_____] 사상
- 신본주의

### Hellenism(헬레니즘)

- [_____] 사상
- [_____]

# 유대인 신앙의 걸림돌

|  | 사사시대<br>왕국시대 | 바벨론<br>포로귀환 후 |  |
|---|---|---|---|
|  |  |  |  |

---

# 유다의 독립

• BC 170년,

   그리스 안티오쿠스 4세 유대인 [      ]

• BC 164년,

   유다 마카비가 [          ]

• 그후 100여년간 [      ] 왕조

## 로마의 팔레스타인 정복

- BC 63년, 로마의 [ ] 침공
- BC 40년, 로마가 [ ] 을 유대 왕으로 임명
- BC 19년, 헤롯의 [ ] 증축 공사 착공
- 로마가 온 유럽에 [ ] 건설

## 침묵시대, 훗날 복음전파를 위한 하나님의 준비

- 그리스를 통해: 헬라어 보급 (헬라어 성경-70인역)
- 로마를 통해: 도로 건설

" 말씀이 육신이 되어 우리 가운데 거하시매 우리가 그 영광을 보니
아버지의 독생자의 영광이요 은혜와 진리가 충만하더라 "

- 요 1:14

chapter

# 3 신약

성경의 맥과 핵

# 예수님 시대 성경의 인물들

로마 [ ] (Roman Emperor)

- Caesar(가이사)

- 예수님 탄생 시 ;
  [ ]

- 예수님 처형 시 ;
  [ ]

# 예수님 시대 로마의 두 황제

|  | 제 1 대 | 제 2 대 |
|---|---|---|
| 영어 이름 | Augustus(눅 2:1) | Tiberius(눅 3:1) |
| 한국어 이름 |  |  |
| 통치 기간 | BC 27 – AD 14 | AD14 – 37 |
| 통치 기간 동안 |  |  |
| 현존하는 조각상을 바탕으로 그린 그림 |  |  |

로마 [    ] (Roman Governor)

- 로마 제국이

  각 식민지에 파견한 최고 [    ]

- [    ] 유지와

- [    ] 징수의 책임

- [    ] /벨릭스/베스도

로마 ⬚⬚⬚⬚⬚ (Roman Centurion)

로마 군대의 사병 ⬚⬚⬚ 명을 통솔하는 직업 군인 장교

로마 ⬚⬚⬚ (Roman Soldiers)

로마 제국이 각 식민지에 파견한 ⬚⬚⬚

# [    ] 왕 (Herod)

- 로마 제국 중 팔레스타인을
  통치하던 [        ] 의
  몇 명의 왕들( [        ] )
- [    ] 족속

# [        ] (Tax Collectors)

- 동족 유대인들로부터 세금을 착취하는 [        ]
- 로마 제국의 앞잡이, 매국노, [        ] 의 상징으로
  동족의 미움을 받음.

# _____ (Zealots)

- 로마 제국에 대항하여 _____ 을
  벌이던 유대인 정치 조직

- _____ 사용

- _____

# _____ (Pharisees)

- 모세의 _____ 을 엄격히 지키던 유대인 _____ 종교 조직
- 모세의 율법에 _____ 을 추가함.
- 백성들의 존경을 받음.

[            ] (Sadducees)

- 바리새파와 달리 세속적 가치관을 따르던 유대인 [        ] 종교 조직

- [            ] 을 믿지 않음. (막 12:18-27 "I am~")

- 종교적, 사회적, 경제적 [        ] (대제사장 등)

[        ], [        ] (Teacher of the Law, Scribe)

- 구약 성경을 필사하던 전문 [        ]

- 구약 [        ]

## (Priests)

- 성전에서 □를 드리던 유대인 종교 지도자들

- 제사장들의 최고 지도자는 □

## (Levites)

- 12지파 중 □지파의 남자들

- 성전에서 제사장 □ (찬양, 연주, 경비, 성물 운반)

- 백성들의 성경 □

|            |(Sanhedrin)

- [     ]명의 유대인 재판관(장로)으로 구성된 의회

- 유대인 최고 [     ] 및 [     ] 기관

- 의장은 [          ](사두개인)

- 의원 = [     ] = [     ]

- 니고데모, 아리마대 요셉 (요 19:38-39)

## 예수님 시대 유대인 최고 권력 기관

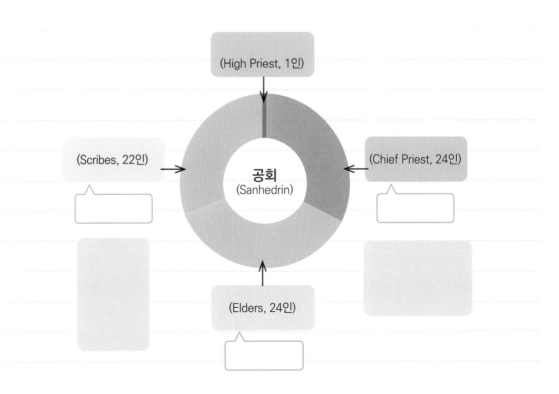

(High Priest, 1인)

(Scribes, 22인)

공회
(Sanhedrin)

(Chief Priest, 24인)

(Elders, 24인)

## ☐☐☐☐☐(Samaritan)

- 북이스라엘 멸망 후,

  이민족과의 ☐☐☐을 통해 형성된

  북이스라엘 사람들의 후손

- 포로귀환 후, 성전 재건 시 ☐☐

- 유대인의 ☐☐를 당함, 상종 안 함

- 선한 사마리아인(눅 10:29-37)

- 사마리아 우물가의 여인(요 4:1-26)

| 인물 | 설명 |
|---|---|
|  | 시저(Caesar), Augustus(1st 눅 2:1), Tiberius (2nd 눅 3:1) |
|  | 로마 제국이 각 식민지에 파견한 최고 행정관 (마 27:1-2; 행 13:7 / 18:2 / 24:1) |
|  | 로마 군대 사병 100명을 통솔하는 직업 군인 장교 (눅 7:2-10; 행 10:1-48 / 22:26) |
|  | 로마 제국이 각 식민지에 파견한 군인들 (마 27:27-31; 마 5:41; 행 21:32) |
|  | 로마 제국 중 팔레스타인을 통치하던 헤롯 왕조의 몇 명의 왕들 이름<br>(마 2:1-16 / 2:22 / 14:1-3; 눅 3:1 / 13:31-32; 행 12:11 / 12:23 / 25:13 / 26:27-28) |
|  | 동족 유대인들로부터 세금을 걷는 유대인 (마 9:9; 눅 19:1-2) |
|  | 로마 제국에 대항하여 독립운동을 벌이던 유대인 정치 조직 (눅 6:15) |
|  | 모세의 율법을 엄격히 지키던 유대인 보수파 종교 조직 (마 9:2~3 / 23:13-39) |
|  | 바리새파와 달리 세속적 가치관을 따르던 유대인 자유주의 종교 조직 (막 12:18-27) |
|  | 구약 성경을 필사하던 전문 필사가, 성경학자 (스 7:6-10; 마 22:34-40; 눅 22:66) |
|  | 성전에서 제사를 드리던 유대인 종교 지도자들 (눅 3:2; 요 18:13; 행 24:1) |
|  | 성전에서 제사장을 보조하던 레위 지파의 남자들 (느 8:9; 눅 10:30-37) |
|  | 70명의 유대인 재판관(장로)으로 구성된 의회<br>(마 5:22; 요 3:1; 마 26:59; 요 3:1; 눅 23:50; 행 5:21-32; 행 23:6-8) |
|  | 북이스라엘 멸망 후, 잡혼을 통해 형성된 후손들(요 4:1-30; 눅 10:30; 눅 17:15-16) |

# 4복음서의 비교

| | 마태복음 | 마가복음 | 누가복음 | 요한복음 |
|---|---|---|---|---|
| 저자의 국적 | | | | |
| 독자 | | | | |
| 예수님 묘사 | | | | |
| 천국 묘사 | | | | |
| 동물 비유 (겔 1:4~7,10 계 4:7) | | | | |
| 기록 순서 | | | | |
| 주요 단어 (헬라어) | (gennao) | (euthus) | (hurisko) | (pisteuo) |
| 특징 (헬라어) | (Didache) | (Diakonia) | (Paraklesis) | (Parakletos) |

# 예수님의 족보(마1:1-17)

| | | | |
|---|---|---|---|
| | | | |
| | | | |
| | | | |
| | | | |
| Promised Kingdom | Provisional Kingdom | Punished Kingdom | Perfect Kingdom |

## 예수님 족보에서 빠진 왕들

| 다윗 | 솔로몬 | 총 20왕 | 선한 왕 | 악한 왕 |
|---|---|---|---|---|
| 1 르호보암 | 2 아비야 | 3 아사 | 4 여호사밧 | 5 여호람 |
| 6 아하시야 | 7 아달랴 | 8 요아스 | 9 아마샤 | 10 웃시야 |
| 11 요담 | 12 아하스 | 13 히스기야 | 14 므낫세 | 15 아몬 |
| 16 요시야 | 17 여호아하스 | 18 여호야김 | 19 여호야긴 | 20 시드기야 |

$$\boxed{\phantom{0}} \times \boxed{\phantom{0}} - \boxed{\phantom{0}}$$

$$= \boxed{\phantom{0}}$$

**아브라함부터 그리스도까지**

총 $\boxed{\phantom{0}}$ 명

|  | 아브라함 ~ 다윗 | 다윗 ~ 바벨론 | 바벨론 ~ 그리스도 |
|---|---|---|---|
| 1 | 아브라함 | 다윗 | 여고냐 |
| 2 | 이삭 | 솔로몬 | 스알디엘 |
| 3 | 야곱 | 르호보암 | 스룹바벨 |
| 4 | 유다 | 아비야 | 아비훗 |
| 5 | 베레스 | 아사 | 엘리아김 |
| 6 | 헤스론 | 여호사밧 | 아소르 |
| 7 | 람 | 요람 | 사독 |
| 8 | 아미나답 | 웃시야 | 아킴 |
| 9 | 나손 | 요담 | 엘리웃 |
| 10 | 살몬 | 아하스 | 엘르아살 |
| 11 | 보아스 | 히스기야 | 맛단 |
| 12 | 오벳 | 므낫세 | 야곱 |
| 13 | 이새 | 아몬 | 요셉 |
| 14 | 다윗 | 요시야 | 예수 그리스도 |

성경의 맥과 혼 - 성경 속 히브리어 이야기

# 다윗 왕 이름의 숫자적 표현

## David

| dalet 4 | + | vav 6 | + | dalet 4 | = | ☐ |

☐ = 7 × 2

☐ : 완전수

# 예수 그리스도 – 이름의 의미

| 호칭 | 예수 | 그리스도 | 메시아 |
|---|---|---|---|
| 어느 언어? | | | |
| 원어로? | יֵשׁוּעַ | Χριστος | מָשִׁיחַ |
| 영어로? | Jesus | Christ | Messiah |
| 이름의 의미? | | | |
| | | | |

# 예수(Jesus)의 同名異人들

- ☐ Joshua (수 1:1)
- ☐ Hosea (호 1:1)
- ☐ Joshua (스 2:2)
- 유스도라 하는 ☐ Jesus who is called Justus (골 4:11)

# 예수님 시대 팔레스타인
# 6개 지역 분봉왕들의 통치

갈릴리

# 가버나움

# 가버나움

# 나사렛

성경이 배과 행 – 성경 속 나라여행

# 나사렛

# 유대

# 유대

# 예루살렘

# 예루살렘

# 베들레헴

# 베들레헴

# 갈릴리 호수의 다른 이름들

- [  ] 바다
- [  ] 호수
- [  ] 호수
- [  ] 호수

# 예수님의 공생애 구분

| | 준비기 | 인기기 | 핍박기 | 수난기 |
|---|---|---|---|---|
| 예<br>수<br>님 | | | | |
| | 인기기 | 핍박기 | 수난기 | |
| 세<br>례<br>요<br>한 | | | | |

# 예수님의 3대 사역 (마 9:35)

| Teaching(교육) | Preaching(복음 전파) | Healing(치유) |
|---|---|---|
| | | |

예수께서 모든 성과 촌에 두루 다니사

저희 회당에서 가르치시며 천국 복음을 전파하시며

모든 병과 모든 약한 것을 고치시니라 - 마 9:35

# 예수님의 공생애 – 1년 차 (준비기)

# 예수님이 받으신 3대 시험 (마 4:1-11)

## 마귀의 3대 시험

|  | 재물(money) | 명예(fame) | 권력(power) |
|---|---|---|---|
|  |  |  |  |
| 창 3:6 |  |  |  |
| 창 12:1 |  |  |  |
| 마 4:1-11 | 돌이 떡이 되게 함 | 성전 꼭대기에서 뛰어내림 | 마귀 경배로 천하 만국과 영광 얻음 |
| 요일 2:15-16 |  |  |  |

예수님의 공생애 – 2년 차 (인기기)

천국 비유 – 1

# 천국 비유 - 2

# 천국 비유 - 3

성경의 눈으로 - 신약 수련가이드 마음의 준비편

# 천국 비유 - 4

# 천국 비유 - 5

# 천국 비유 - 7

# 천국 비유 - 8

# 예수님의 공생애 - 3년 차 (핍박기)

## 예루살렘의 지형

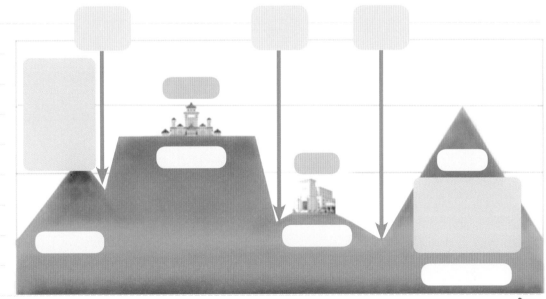

# 예루살렘 입성의 여정

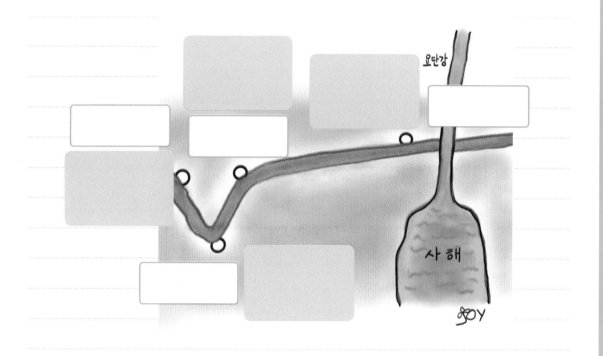

# 삼위일체 (三位一體, Trinity)

**1** substance ( )

**3** persons ( )

- 눅 3:21-22
- 마 28:19
- 고후 13:13

# 하나님의 이름

- [　　　] Elohim (창 1:1): 복수형 Almighty

- [　　　] Achad (신 6:4): 단수형 One, united, in unison

## 삼위일체 하나님의 구원 역사 – [　　　　　]

- 창세 전에 우리를 [　　　　]

- 우리를 자녀로 삼으심([　　　], Adoption)

- 엡 1:4-5, 11

## 삼위일체 하나님의 구원 역사 – [　　　]

- 우리가 예수님의 피로 [　　　]을 얻음

- [　　] (救贖, Redemption)

- 엡 1:7

## 삼위일체 하나님의 구원 역사 – [　　　]

- 우리 기업의 [　　]이 되심

- [　　] (Sealing)

- 엡 1:13-14

# 사도행전의 구조 – 주요 인물 중심

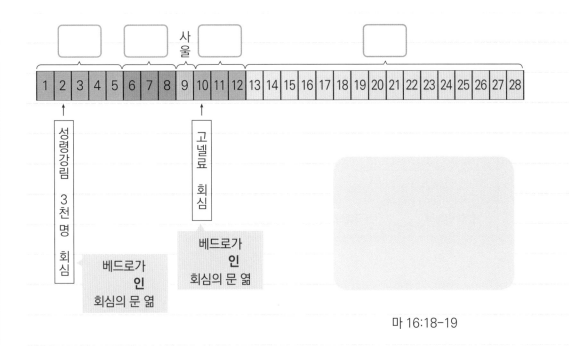

마 16:18-19

# 사도행전의 구조 – 전도 대상 중심

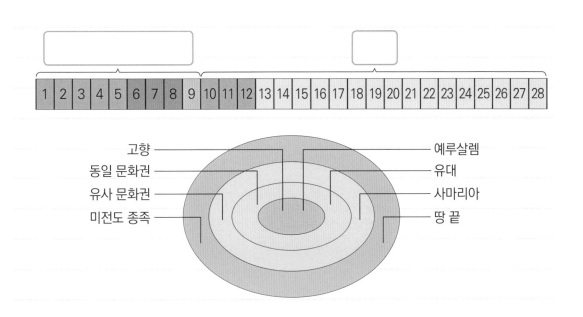

고향 ——— 예루살렘
동일 문화권 ——— 유대
유사 문화권 ——— 사마리아
미전도 종족 ——— 땅 끝

# 인류 언어의 분화와 통일

| 바벨탑 사건 | 오순절 성령강림 | 하늘나라의 예배 |
|---|---|---|
| 창 11:9 | 행 2:1-11 | 계 7:9 |
| | | |
| 여호와께서<br>온 땅의 언어를 혼잡케 하심<br>**인류 언어의 _____** | 성령강림, 방언<br>**인류 언어 _____**<br>**(국제적인 기독교 사회)의 예표** | 각 나라, 족속, 백성, 방언이<br>다 함께 찬양<br>**인류 언어의 최종적 _____** |

[　　　　] 교회

- 첫 [　　　　] 교회: 수리아 안디옥

- 첫 [　　　　]이라는 명칭

- 첫 [　　　] 파송: 바울과 바나바

- 바울 선교 여행의 베이스 캠프

- [　　　] 이자 [　　　]

# 1차 선교 여행(이방인의 벽을 넘다!)

- [    ]과 [    ], 마가 요한
- [    ]섬, 총독 서기오 바울의 회심
- 비시디아 [    ] 회당 설교
- [    ]에서 바울이 유대인들에게 돌에 맞아 죽을 뻔함
- [    ] 교회 개척
- [    ] 종교회의 (교회 총회)
- [    ] 기록

# 2차 선교 여행 (유럽의 벽을 넘다!)

- 바울과 [    ] (바나바와 마가)
- 루스드라에서 [    ] 합류
- [    ] 환상, 누가 합류
- 빌립보에서 [    ] 만남
- 빌립보 감옥 [    ] 회심
- [    ] 교회 개척
- [    ] 교회 개척
- [    ] 교회 개척 / 1. 5년([          ] 동역) / 데살로니가전후서 기록
- [    ] 에 브리스길라, 아굴라 남겨 놓음

# 3차 선교 여행 (제자훈련의 벽을 넘다!)

- ☐ 교회 개척(2년 3개월)
  - ☐ 서원
  - ☐ 기록
  - 고린도에 ☐ 파송
  - 데메드리오 폭동으로 ☐ 떠남
- ☐ 와 아가야 전도
- ☐ 방문
  - 로마서 기록
- ☐ 강론(유두고)
- 예루살렘 방문, ☐

# 사도 바울의 투옥

| 사울 | | | | | | | | | | | | | 바울 | | | | | | | | | | | | | | |
|---|---|---|---|---|---|---|---|---|---|---|---|---|---|---|---|---|---|---|---|---|---|---|---|---|---|---|---|
| 1 | 2 | 3 | 4 | 5 | 6 | 7 | 8 | 9 | 10 | 11 | 12 | 13 | 14 | 15 | 16 | 17 | 18 | 19 | 20 | 21 | 22 | 23 | 24 | 25 | 26 | 27 | 28 |

회심 (9)
1차 여행 (13-14)
공회 (15)
2차 여행 (16-18)
3차 여행 (19-20)
☐ (21-26)
4차 여행 (27-28)

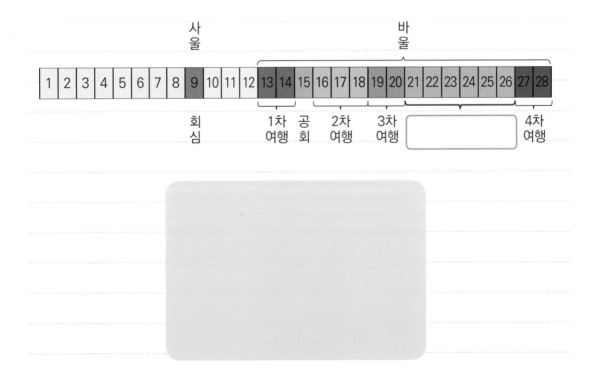

# 4차 선교 여행 (로마의 벽을 넘다!)

- 바울, 디모데, 누가, 아리스다고
- [          ] 섬
- 유라굴로 광풍
- [          ] 섬(독사에게 물렸으나 살아남, 보블리오 부친치료)
- [          ] 감옥에서의 전도(2년 연금)
  - 골로새서, 빌레몬서, 에베소서, 빌립보서 집필
- 잠시 석방
  - 디모데전서, 디도서, 디모데후서 집필
- [          ] 황제에 의해 순교

## 두 종류의 인간

_____을 얻으려 애쓰는 인간   /   _____을 받아들이는 인간

# 칭찬? 책망?

| 교회 | 칭찬? 책망? |
|---|---|
| 에베소 | |
| 서머나 | |
| 버가모 | |
| 두아디라 | |
| 사데 | |
| 빌라델비아 | |
| 라오디게아 | |

| 칭찬 O | 책망 X |
|---|---|

# 요한계시록의 4가지 환상

| 환상 1 | 환상 2 | 환상 3 | 환상 4 |
|---|---|---|---|
| (1:9 - 3:22) | (4:1-16:21) | (17:1-20:15) | (21:1-22:5) |
| | | | |

# 보좌

# 보좌 앞 네 생물

| 사역에 | 하나님께 | 사람에게 | 대적에게 |
|---|---|---|---|
|  |  |  |  |
|  |  |  |  |

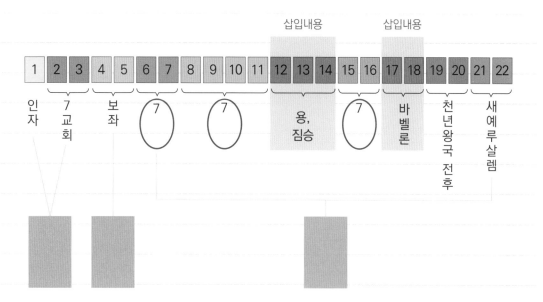

"그러므로 네 본 것과 이제 있는 일과 장차 될 일을 기록하라" - 계1:19

## 7봉인

# 7봉인

| ❶ 흰 말 | ❷ 붉은 말 | ❸ 검은 말 | ❹ 창백한 말 |
|---|---|---|---|
| | | | |
| ❺ 순교자가 _____을 기다림 | | | |
| ❻ 대지진, 개기일/월식, 유성우, 천체 위치 변화<br>144,000명과 허다한 무리의 _____ | | | |
| ❼ 7 _____ (7년 _____의 시작) | | | |

# 144,000명 (계 7:4)

• 3 : 하늘의 ☐

• 4 : 땅의 ☐

• 3 + 4= ☐

• 3 × 4= ☐

• 12 × 12= ☐

• 144 × 1,000= ☐

• 12지파 × 12,000명 / 지파 = ☐ 명

# 요한계시록의 그리스도

| 요한계시록의 그리스도 |
| --- |
| 교회 가운데 거닐며 _____ 하시는 주님 |
| ____과 싸워 이기는 어린양 |
| 아버지의 _____에 함께 앉아 계신 분 |
| 흰말을 타고 만국을 다스리는 _____ |
| 자기 신부를 데리러 오는 _____ |

7 ☐ 과 7 ☐ (계 8:6–16:21)

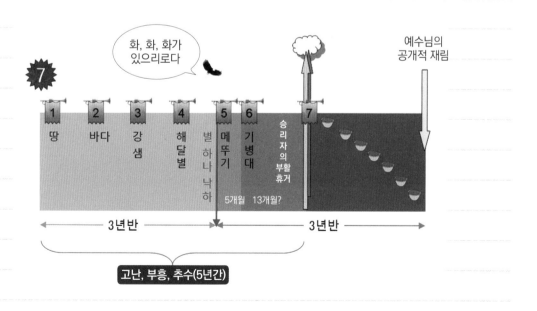

# 7나팔과 7대접

| 나팔 | 대상 | 대접 | 내용 |
|---|---|---|---|
| 1 | 땅 | 1 | 짐승의 표를 받고 그 우상을 숭배한 자들의 몸에 종기가 생김. |
| 2 | 바다 | 2 | 바다가 피로 변함. 바다 생물들이 다 죽음. |
| 3 | 강 | 3 | 강과 샘물이 피로 변함. 사람들이 마시게 함. |
| 4 | 해 | 4 | 사람들이 해의 뜨거운 열기에 타면서도 하나님을 모독함. |
| 5 | 무저갱 | 5 | 짐승의 나라가 어두워짐. 사람들이 고통으로 혀를 깨물면서 하나님을 저주함. |
| 6 | 유프라테스강 | 6 | 강물이 말라붙음. 악한 세 영이 온 세계의 왕을 아마겟돈에 모음. |
| 7 | 천둥지진 | 7 | 번개, 천둥, 대지진, 큰 우박이 있음. 도시들, 섬들, 산들 무너짐. |

# 요한계시록에 나오는 사탄과 그 연합군

사탄(붉은 용): 7머리, 10뿔(단 7장)

| 사탄의 3대 연합군 | | |
|---|---|---|
| 종류 | 상징 | 사탄의 3대 전술 |
| ＿＿＿에서 올라온 짐승 | 핍박하는 ＿＿＿＿들 | |
| ＿＿＿에서 올라온 짐승 | 황제숭배 등 그릇된 ＿＿＿ | |
| ＿＿＿(=바벨론) | ＿＿＿주의 | |

# 최후의 심판

계 20:11-15

죽은 자들이 각기 행한 행위(책의 기록)에 따라 심판 받음

생명책에 이름이 없는 자들은 불못에 던져짐(둘째 사망)

# 새 예루살렘

- 모양: 정육면체

- 너비, 길이, 높이: 각 ___, 000 스타디온

- 담의 높이: 144(=___ x ___) 규빗

- ___ 문(=___ 진주)

- ___ 천사

- ___ 문에 ___ 지파의 이름

- ___ 주춧돌

- ___ 주춧돌 위: 어린양의 ___ 사도의 이름

# 그리스도의 과거, 현재, 미래

| | | |
|---|---|---|
| 과거 | 자기 백성을 구속하기 위해 _____ | |
| 현재 | 하늘 보좌에서 _____ | |
| 미래 | 다시 오셔서 심판하고 _____ | |

# 천국의 회복

| 창세기 | | 요한계시록 |
|---|---|---|
| _____ 이 세상에 들어옴 (창 3:19) | | 다시 _____ 이 없음 (계 21:4) |
| 사람과 땅이 _____ 받음 (창 3:17) | | 다시 _____ 가 없음 (계 22:3) |
| 사람이 하나님을 _____ (창 3:6) | | 사람이 하나님의 _____ 을 봄 (계 22:4) |
| _____ 가 차단됨 (창 3:23) | | _____ 가 다시 나타남 (계 22:2) |

머리에 쏙쏙! 오리고 붙이고 색칠하고... 동심으로 돌아가 재미있게 공부하는

성경의 맥과 핵

활동자료들

성경의 맥과 핵 – 성경 속 하나님의 마음이 보여요!

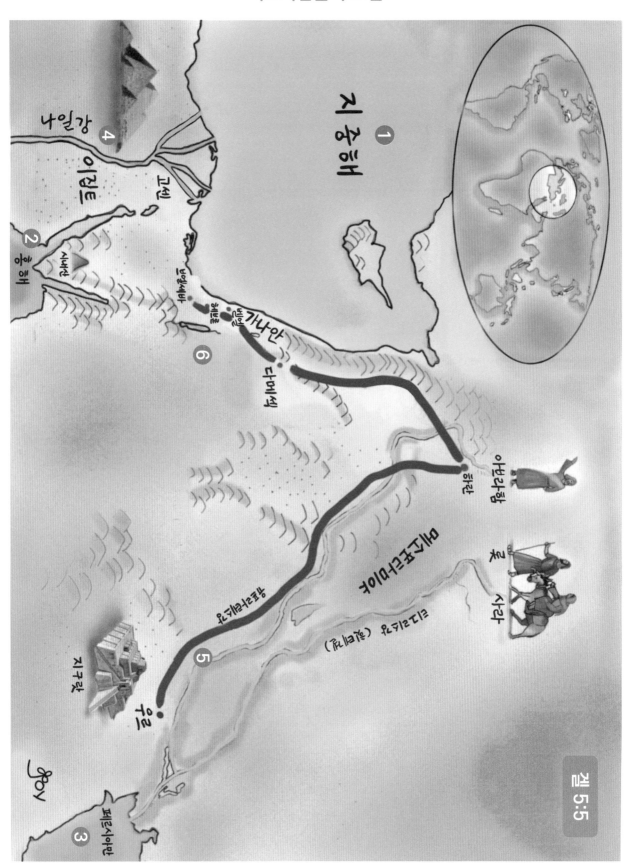

창 5:5

성경의 맥과 핵 - 성경 속 하나님의 마음이 보여요!

# 성경의 15시대

| 연대 | ? | BC 2,000 – 1,800 | BC 1,800 – 1,400 | BC 1,400 | BC 1,400 – 1,000 |
|------|---|------------------|------------------|----------|------------------|
| 시대 | | | | | |
| | | | | | |
| 핵심 단어 | | | | | |
| 성경 | 창 1-11 | 창 12-50 | 출 1-11 | 출 12- 수 | 삿 – 룻 |

| | BC 1,000 – 600 | BC 700(722) | BC 600(586) | BC 500 – 500 | BC 500 |
|------|----------------|-------------|-------------|--------------|--------|
| | | | | | |
| 풀칠 | | | | | |
| | 삼상 – 대하 | 왕하 | 대하 | 겔 – 단 | 스 – 에 |

# 성경의 15시대

| 풀칠 | BC 400 – 0 | 0(BC 4) – AD 30 | AD 30 | AD 40 | ? |
|---|---|---|---|---|---|
| | | | | | |
| | | | | | |
| | | | | | |
| | – | 마 – 요 | 행 1 – 12 | 행 13 – 28 | 계 1 – 22 |

# 이스라엘 성전의 역사

| 연대 | ? | BC 2,000년 | BC 2,000년 | BC 1,500년 | BC 1,500년 |
|---|---|---|---|---|---|
| 성전 | 에덴동산 | 모리아산 (미래의 성전 부지) | | 첫 유월절(출애굽 전야) | 이동식성전(성막) |
| 사건 | 타락 후 _____으로 _____를 가려 주심 _____의 은혜 | 떡, 포도주, 축복, _____ | _____이 _____을 하나님께 바침 | _____의 피를 바른 집은 장자의 재앙을 면함 | _____광양40년 성막(회막) 중심 생활훈련 |
| 인물 | | | | | |
| | | | | | |
| 성경 | 창 3:21 | 창 14:17-20 | 창 22:1-18 | 출 12:1- 14 | 출 25, 40장 |

| | BC 1,000년 | BC 1,000년 | BC 606년 | BC 597년 | BC 586년 |
|---|---|---|---|---|---|
| | | 제1성전 (솔로몬 성전) | | | |
| 풀칠 | _____이 모리아산, 오르난의 타작마당에서 제사 드림 | _____이 모리아산에 성전을 지음 | _____차 포로 성전 기물 약탈 | _____차 포로 성전과 왕궁의 보물 약탈 | _____차 포로 성전, 왕궁, 성벽 파괴 |
| | | | | | |
| | 삼하 24장 | 대하 3:1, 왕상 6장 | 대하 36:5-8 | 대하 36:9-10 | 대하 36:17-21 |

성경의 맥과 핵 – 성경 속 하나님의 마음이 보여요!

# 이스라엘 성전의 역사

| | BC 536년 | BC 516년 | BC 458년 | BC 444년 | BC 167년 |
|---|---|---|---|---|---|
| | 제2성전 (스룹바벨 성전) | | | | |
| 풀칠 | ___차 포로귀환 고레스 칙령 ____ 재건 시작 | 성전재건 중단 20년 후, 다리오왕 칙령 ____ 재건 완성 | ___차 포로귀환 아닥사스다왕 칙령 ____ 재건 시작 | ___차 포로귀환 아닥사스다왕 칙령 성벽 재건 완성 (52일) | 성전이 ____ 제물로 오염됨 |
| | | | | | |
| | | | | | |
| | 대하 36:22-23, 에스라 1:1-2 | 에스라 5-6장, 슥4:6-10 | 에스라 7:1-12 | 느 6:15, 8:1-3 | 요 10:22 |

| | AD 1년(63년 완성) | AD 29년 | AD 29년 | AD 70년 | ? |
|---|---|---|---|---|---|
| | 제3성전 (헤롯 성전) | | | | 새 예루살렘 |
| 풀칠 | 헤롯 대왕이 성전 ____ | 예수님의 ____ 수난 | ____ 강림 성령님의 ____ 하심 | 성전 ____ | 하나님과 그 어린양의 ____ 앞 ____ |
| | | | | | |
| | | | | | |
| | 요 2:20, 마 21:12 | 마 27:32-61, 히10:14 | 행 2:1-36, 고전 3:16 | 막 13:1-2 | 계 21:10-22:5 |

# 가나안땅의 주변국들

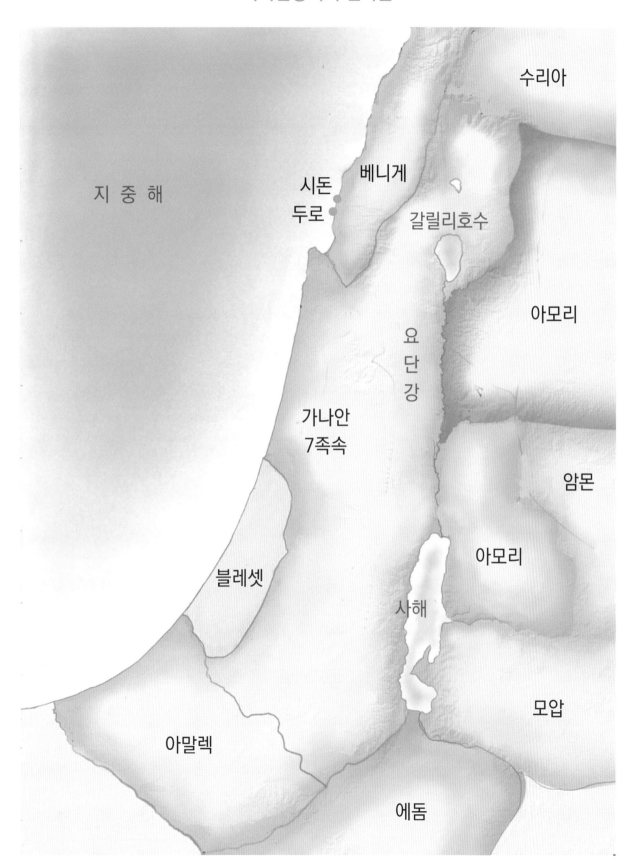

지 중 해

수리아

시돈
두로

베니게

갈릴리호수

아모리

요
단
강

가나안
7족속

암몬

아모리

블레셋

사해

모압

아말렉

에돔

성경의 맥과 핵 – 성경 속 하나님의 마음이 보여요!

# 야곱의 가족

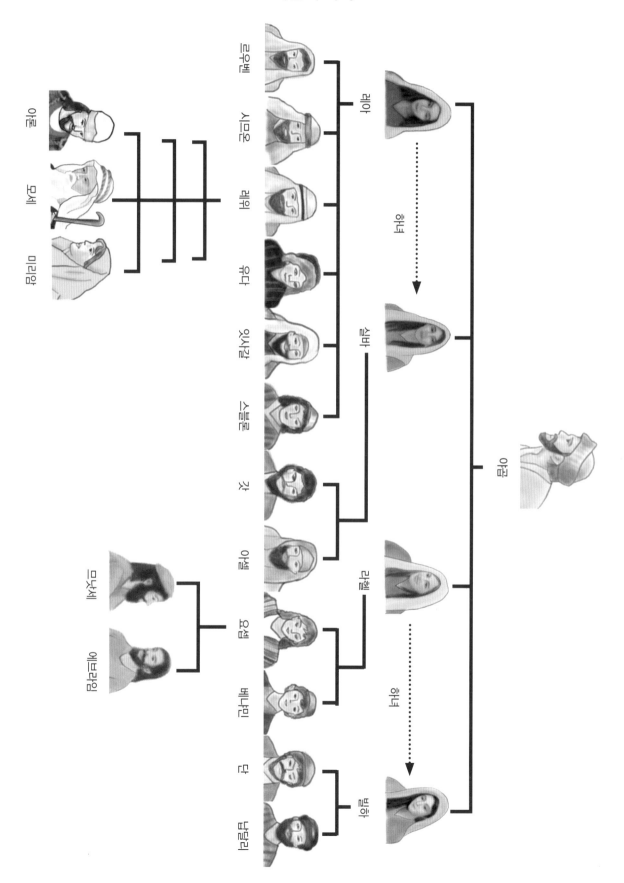

# 출애굽 여정과 광야방랑기 30가지 에피소드

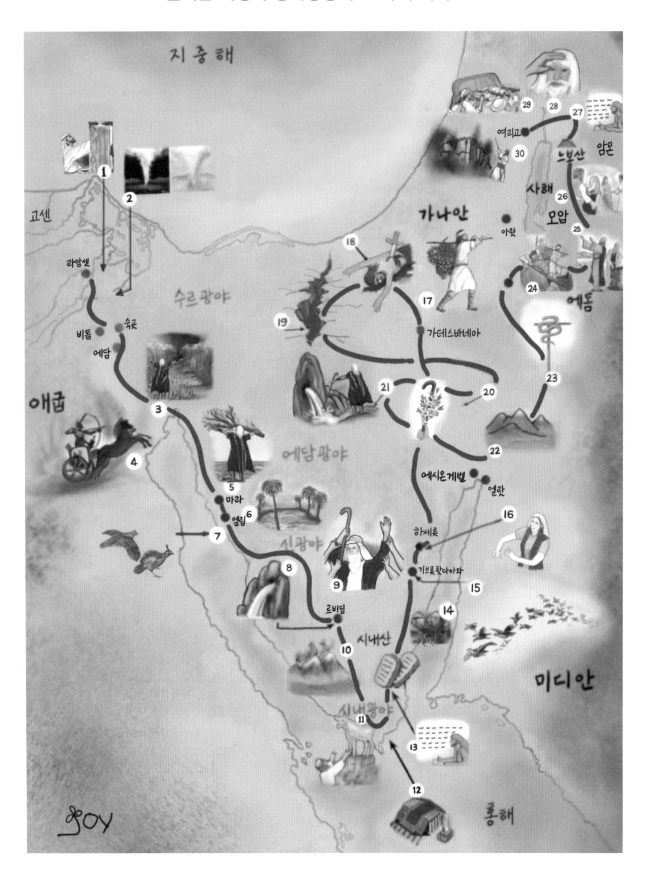

성경의 맥과 핵 – 성경 속 하나님의 마음이 보여요!

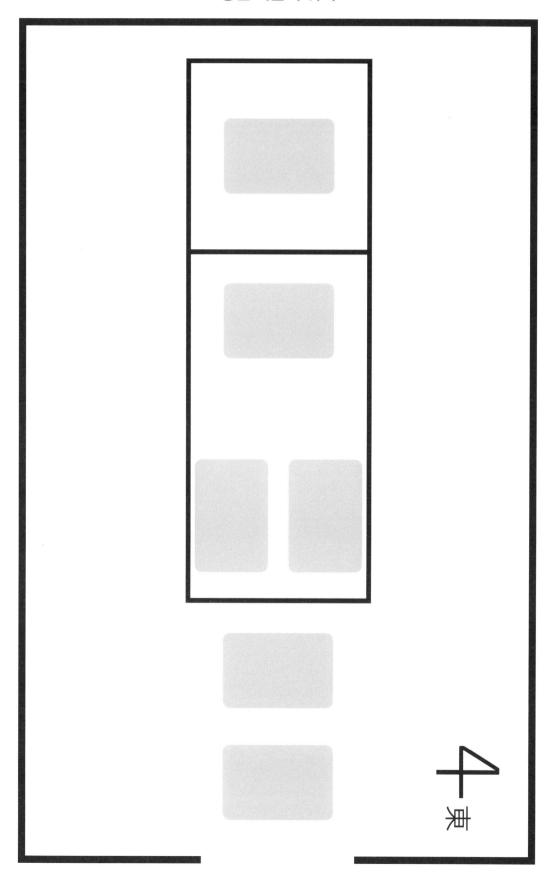

# 헤롯왕 가계도

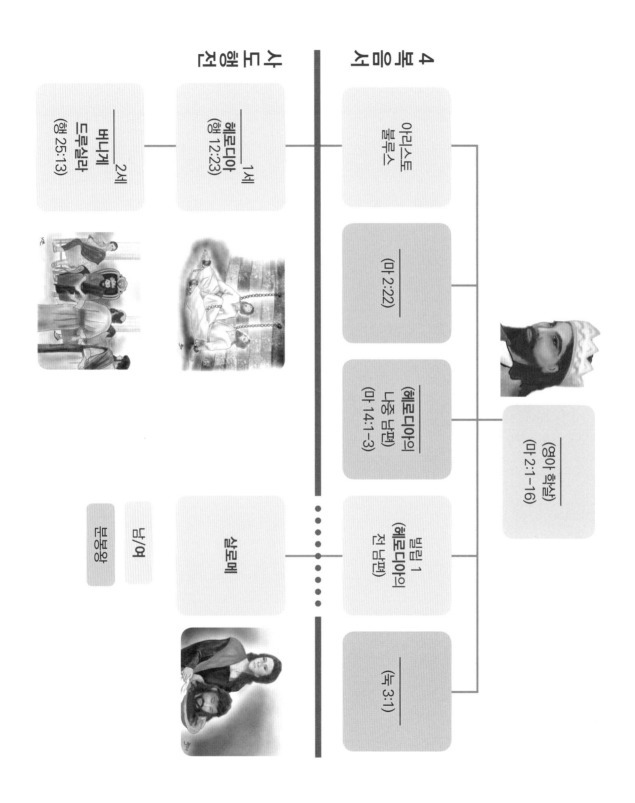

**사도와 선교**

버니게
드루실라
(행 25:13)
___
2세

헤롯디아
(행 12:23)
___
1세

**4 복음서**

아리스토
불루스
___

(마 2:22)
___

헤롯디아의
(헤롯디아의
나중 남편)
(마 14:1-3)
___

빌립 1
(헤롯디아의
전 남편)
___

(눅 3:1)
___

(영아 학살)
(마 2:1-16)
___

살로메

양/여
양/남

**성경의 맥과 핵 –** 성경 속 하나님의 마음이 보여요!

# 예수님 시대 팔레스타인 6개 지역 4개 도시

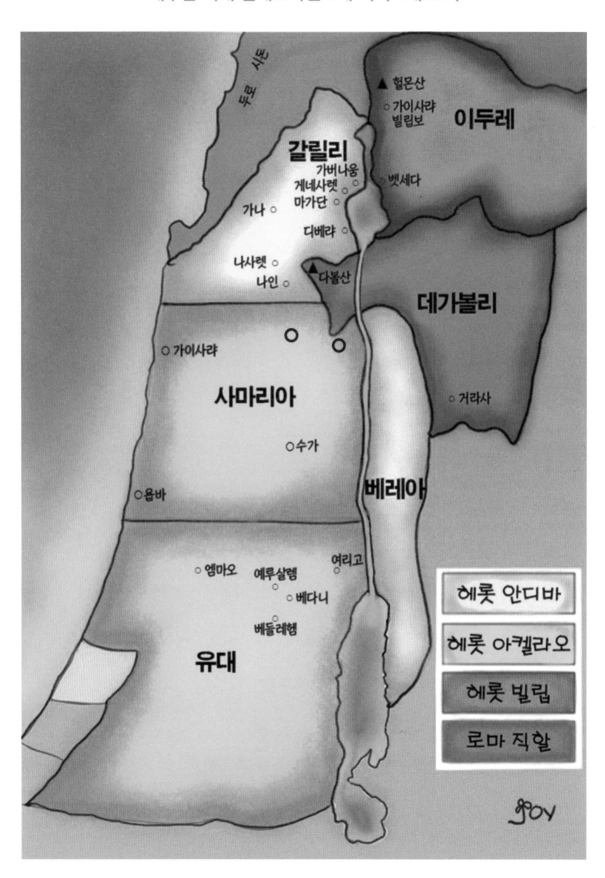

# 1년 차(준비기)

| 사건 | 1년 차(준비기) | | | | |
|---|---|---|---|---|---|
| | | | | | |
| 장소 | 요단강 (베레아 지역) | 유대 (광야, 성전, 고산) | 베레아 | 갈릴리, 가나 | 유대, 예루살렘 성전 |
| 성경 | 마 3:13-17 | 마 4:1-11 | 요 1:35-51 | 요 2:1-12 | 요 2:13-22 |

| 결말 | 1년 차(준비기) | | | | |
|---|---|---|---|---|---|
| | | | | | |
| | 유대, 예루살렘 | 사마리아, 수가 | 갈릴리, 가나/가버나움 | 갈릴리, 나사렛 | 갈릴리, 가버나움 |
| | 요 3:1-15 | 요 4:1-42 | 요 4:43-54 | 눅 4:16-30 | 마 4:13-22 |

# 2년 차 (인기기)

## 2년 차 (인기기)

| 사건 | | | | |
|---|---|---|---|---|
| | | | | |
| 장소 | 유대, 예루살렘 | 갈릴리 | 갈릴리, 가버나움 | 갈릴리, 나인 |
| | | | | 갈릴리, 가버나움 |
| 성경 | 요 5:1~9 | 마 8:1~4 | 마 8:5~13 | 눅 7:11~17 |
| | | | | 마 8:14~17 |

## 2년 차 (인기기)

| 끝칠 | | | | |
|---|---|---|---|---|
| | | | | |
| | 갈릴리 호수 | 데가볼리, 거라사 | 갈릴리, 가버나움 | 갈릴리, 가버나움 |
| | | | | 갈릴리, 가버나움 |
| | 마 8:23~27 | 마 8:28~34 | 마 9:1~8 | 마 9:9~13 |
| | | | | 마 9:18~19, 9:23~26 |

성경의 맥과 핵 - 성경 속 하나님의 마음이 보여요!

| 2년 차 (인기기) | | | | |
|---|---|---|---|---|
| **본문** | | | | |
| 갈릴리, 가버나움 | 갈릴리, 가버나움 | 갈릴리 | 갈릴리 | 갈릴리, 가버나움 |
| 마 9:20~22 | 마 9:32~34 | 마 10장 | 마 5~7장 | 마 13장 |

성경의 맥과 핵 – 성경 속 하나님의 마음이 보여요!

# 3년 차 (핍박기)

## 3년 차 (핍박기)

| | 사건 | | | | |
|---|---|---|---|---|---|
| 장소 | | | | | |
| | 베레아/<br>갈릴리, 디베랴 | 이두래,<br>벳새다 | 갈릴리 호수 | 갈릴리,<br>게네사렛 | 베니게<br>두로/시돈 |
| 성경 | 마 14:1~12 | 마 14:13~21 | 마 14:22~33 | 마 15:1~20 | 마 15:21~28 |

## 3년 차 (핍박기)

| | 풍점 | | | | |
|---|---|---|---|---|---|
| | | | | | |
| | 데가볼리 | 갈릴리,<br>마가단 | 이두래,<br>가이사랴 빌립보 | 이두래,<br>헐몬산 | 이두래,<br>헐몬산 자락 |
| | 마 15:32~38 | 마 15:39~16:4 | 마 16:13~20 | 마 17:1~8 | 마 17:14~20 |

# 3년 차 (핍박기)

## 3년 차 (핍박기)

꼴찝

| | | |
|---|---|---|
| 갈릴리, 가버나움 | 유대, 예루살렘 | 유대, 예루살렘 | 유대, 예루살렘 | 유대, 베다니 |
| 마 17:24-27 | 요 8:1-11 | 요 9:1-14 | 눅 10:1-20 | 눅 10:38-42 |

## 3년 차 (핍박기)

꼴찝

| | | |
|---|---|---|
| 유대, 예루살렘 | 유대, 베다니 | 유대, 여리고? | 유대, 여리고 | 유대, 여리고 |
| 요 10:22-39 | 요 11장 | 눅 17:11-19 | 막 10:46-52 | 눅 19:1-10 |

성경의 맥과 핵 – 성경 속 하나님의 마음이 보여요!

## 공생애 마지막 1주일

| 사건 | | | | | |
|---|---|---|---|---|---|
| | | | | | |
| 장소 | 유대, 벳바게 | 유대, 예루살렘 성전 | 유대, 베다니 | 유대, 예루살렘 성전 | 유대, 예루살렘 |
| 성경 | 마 21:1-11 | 눅 19:41-46 | 마 21:18-22 | 마 21:23-25:46 | 마 26:14-16 |

## 공생애 마지막 1주일

| 끝절 | | | | | |
|---|---|---|---|---|---|
| | | | | | |
| | 유대, 예루살렘, 마가의 다락방 | 유대, 예루살렘 / 골고다 (갈보리) | 유대, 예루살렘 | 유대, 예루살렘 | 유대, 예루살렘, 갈릴리 |
| | 마 26:17-30 | 마 26:57-27:56 | 마 27:57-66 | 마 28장 | 막 16:19 |

# 예수님 처형 당시 예루살렘 약도

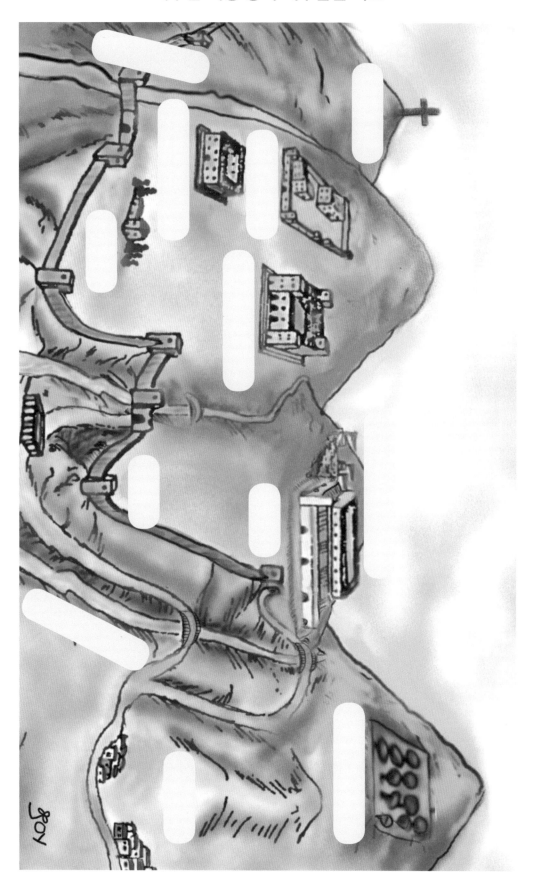

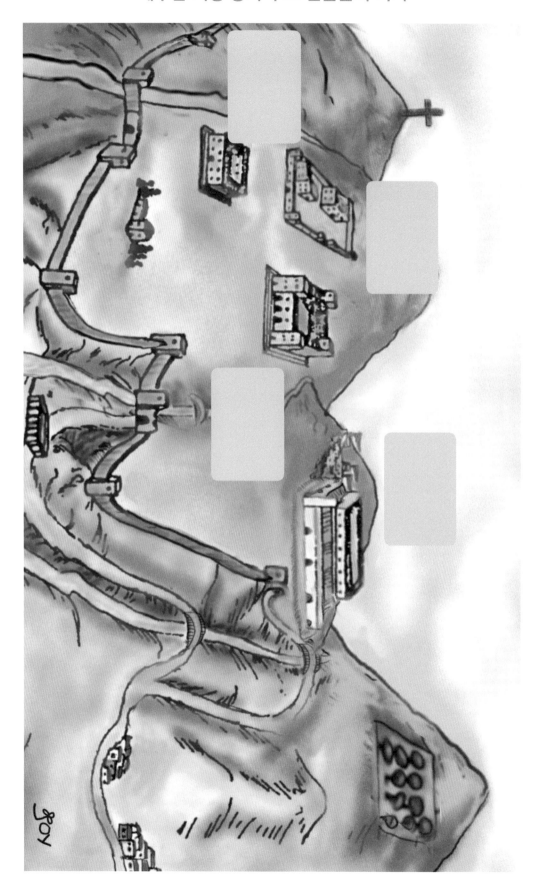

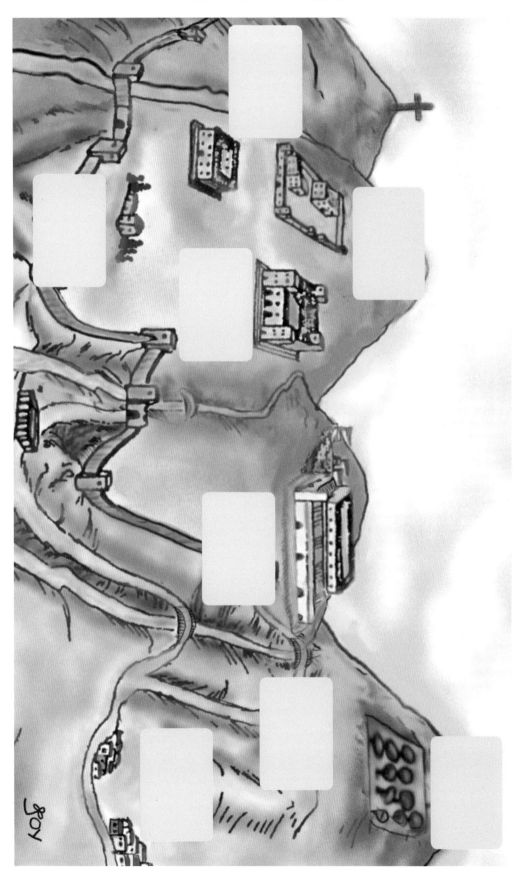

성경의 맥과 핵 - 성경 속 하나님의 마음이 보여요!

# 사도 바울의 선교 여행지

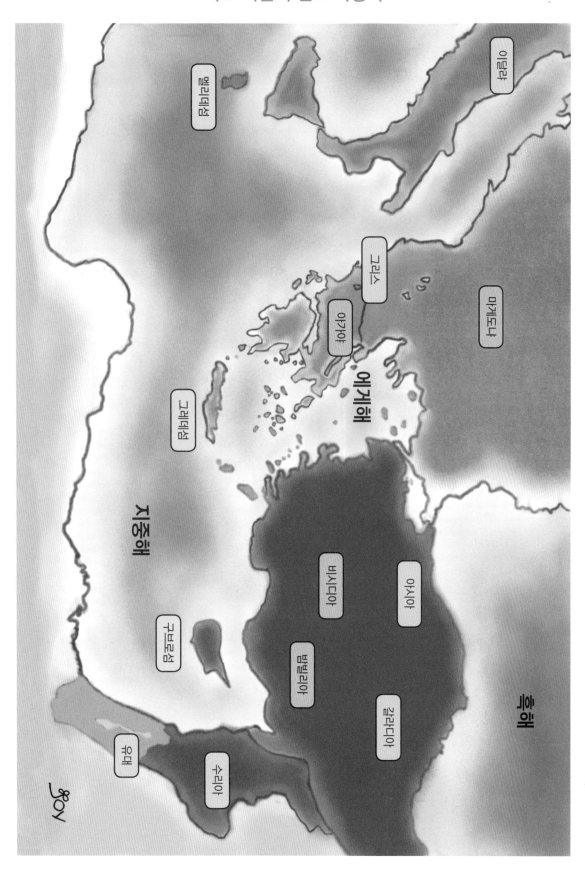

# 사도 바울의 선교 여행지

성경의 맥과 핵 - 성경 속 하나님의 마음이 보여요!

# 사도 바울의 1차 선교 여행

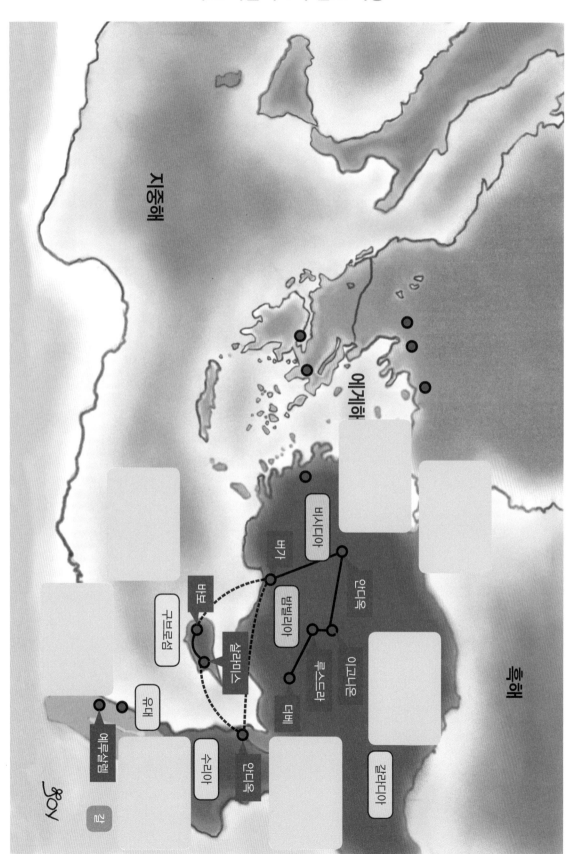

지중해

에게해

구브로섬

유대

예루살렘

갈

살라미

바보

버가

앗달리아

비시디아

이고니온

더베

루스드라

밤빌리아

안디옥

안디옥

수리아

갈라디아

Joy

성경의 **맥과 핵** – 성경 속 하나님의 마음이 보여요!

# 사도 바울의 2차 선교 여행

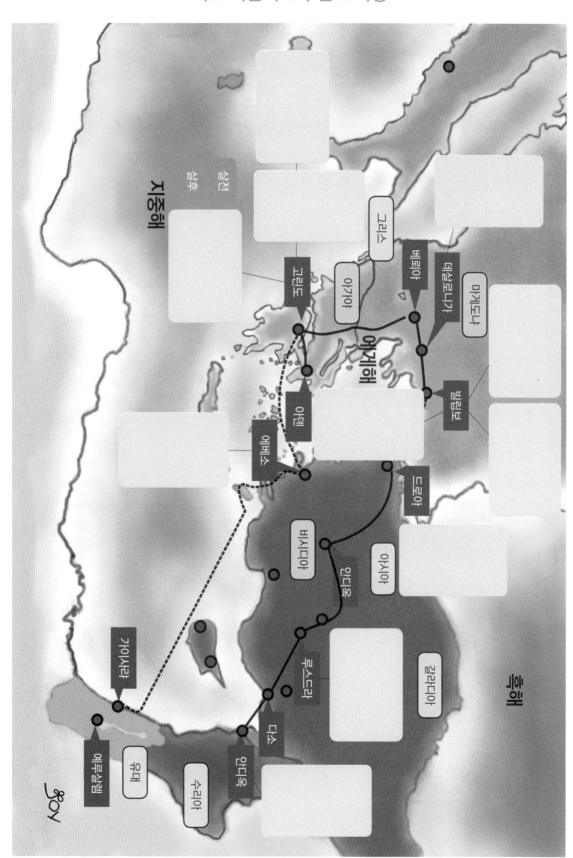

**성경의 맥과 핵 –** 성경 속 하나님의 마음이 보여요!

# 사도 바울의 3차 선교 여행

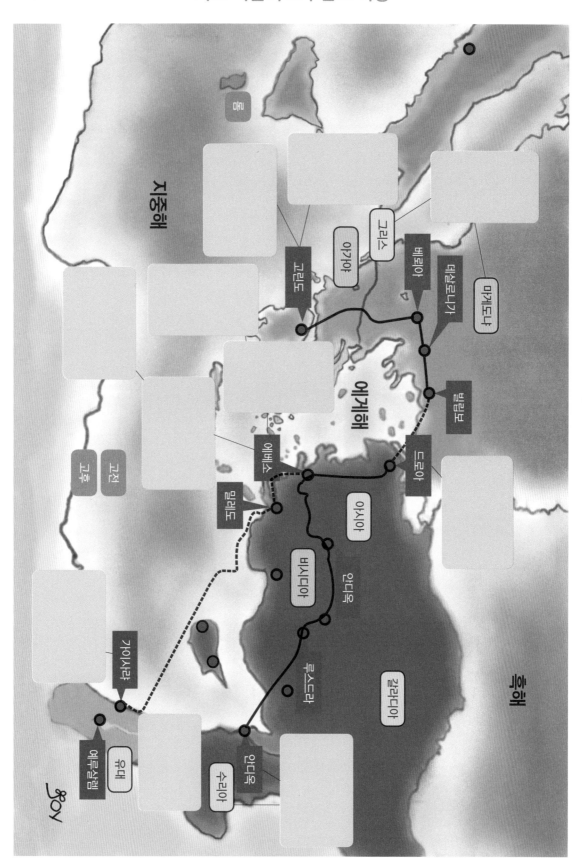

성경의 맥과 핵 – 성경 속 하나님의 마음이 보여요!

# 사도 바울의 4차 선교 여행

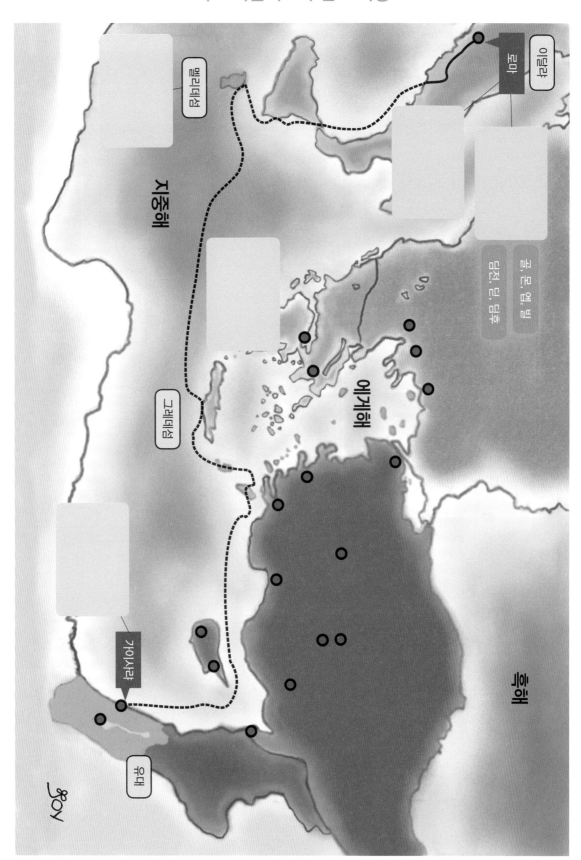

지중해

에게해

흑해

로마

이달리

멜리데섬

그레데섬

가이사랴

유대

굿, 모, 엣, 빌
담전, 딛, 담후